MAURICE DELAFOSSE

Les Libériens et les Baoulé

NÈGRES DITS CIVILISÉS ET NÈGRES DITS SAUVAGES

(Extrait de *Les Milieux et les Races*. — Avril-Mai 1901)

PARIS

LIBRAIRIE AFRICAINE ET COLONIALE

J. ANDRÉ, ÉDITEUR

27, Rue Bonaparte, 27

1901

LES LIBÉRIENS ET LES BAOULÉ

NÈGRES DITS CIVILISÉS ET NÈGRES DITS SAUVAGES

Ce qui va suivre n'est autre chose que le texte d'une conférence faite le 12 mars dernier à l'École coloniale, sous la présidence de M. L. Desbordes, commissaire-adjoint des colonies. Mais le temps limité dont je disposais pour cette conférence m'avait forcé à abréger certains développements et à passer sous silence certaines considérations d'ordre sociologique que j'ai cru devoir rétablir ici.

Mes fonctions coloniales m'ayant permis de faire un séjour de dix-huit mois dans la République de Libéria, parmi des Noirs civilisés à l'européenne et un séjour de près de quatre ans dans le Baoulé, province centrale de la Côte-d'Ivoire, parmi des Noirs que n'ont encore entamés ni notre civilisation, ni celle des Musulmans, il m'a semblé intéressant d'étudier l'état social de chacun de ces deux groupements nègres, de les comparer entre eux, et de chercher à tirer de cette comparaison quelques conclusions.

PREMIÈRE PARTIE

Nègres dits civilisés (Les Libériens)

1° HISTORIQUE DE LA RÉPUBLIQUE DE LIBÉRIA

Je crois bon de refaire d'abord en quelques mots l'historique de la République de Libéria, pour permettre de mieux saisir le caractère de sa civilisation. Pour plus de détails sur cet État nègre encore bien peu connu en France, je renverrai le lecteur à une notice que j'ai publiée au mois de décembre 1900 dans le *supplément* du *Bulletin du Comité de l'Afrique Française.*

Au début du XIX° siècle, il y eut dans le Nord de l'Amérique un premier mouvement en faveur de l'émancipation des Noirs. Les Américains de race anglo-saxonne, qui formaient la majorité dans les

États du Nord, n'ayant pas de vastes exploitations agricoles à mettre en valeur, n'avaient pas les mêmes raisons de désirer le maintien de l'esclavage que les Américains de race latine des États du Sud. Plusieurs Sociétés se fondèrent parmi eux dans le but d'affranchir les Noirs esclaves, et notamment l'*American Colonization Society*, qui se proposait de racheter un certain nombre de ces Noirs, de les transporter en Afrique, leur pays d'origine, et de fonder là avec eux une sorte de colonie qu'ils administreraient eux-mêmes sous la tutelle de la Société.

C'est dans ce but qu'en 1821 la Société en question achetait à un petit chef indigène une île qui depuis fut appelée île Persévérance, et qui est située dans l'estuaire de la lagune Mesurado, en face de l'emplacement actuel de Monrovia.

En janvier 1822, le docteur Ayres, agent *blanc* de la Société, amenait en cette île une vingtaine de Noirs libérés, plus quelques femmes et enfants. C'est de ce premier noyau que devait sortir plus tard la République de Libéria ; aussi les Libériens actuels ont-ils donné aux premiers colons de l'île Persévérance le nom de *Pilgrim Fathers* ou de *Fathers of Liberia*.

Les débuts de la petite colonie furent très durs. Les immigrants, tous nés en Amérique, avaient perdu les qualités d'acclimatement de leurs ancêtres africains, et ils durent payer leur tribut au voisinage des boues nauséabondes que recouvrent les palétuviers. De plus, l'île Persévérance est fort petite et toute en rochers, et ils ne pouvaient cultiver là suffisamment pour leur subsistance. Les indigènes des bords de la lagune, les Dé, voyaient d'un assez mauvais œil ces nouveaux venus qui, bien que Noirs comme eux, ne comprenaient point leur langue et n'avaient ni leurs mœurs, ni leur façon de vivre et de s'habiller ; aussi les relations étaient-elles fort tendues, et parfois, en allant sur le cap Montserrado pour chercher l'eau potable qui leur faisait défaut dans leur ilot, les colons étaient malmenés par les autochtones.

Aussi, en juillet 1822, après le départ du docteur Ayres, qui était retourné en Amérique pour raison de santé, les colons se choisirent parmi eux un chef, qui fut le Nègre Elijah Johnson, et sous sa conduite, ils allèrent s'établir en face de l'île Persévérance, sur le sommet du cap Montserrado, où il y avait de l'eau, de la terre, et un climat sain.

Cela ne fit pas l'affaire des Dé, qui ouvrirent les hostilités. La situation des colons, vu leur petit nombre et le manque d'armes et de munitions, fut alors très critique. C'est à ce moment qu'eut lieu cet incident si souvent célébré depuis par les Libériens: un bateau de guerre anglais passant dans ces parages, l'officier qui le commandait fut informé de la situation difficile des colons et leur fit offrir la protection de son équipage et de ses canons, sous la seule condition que les colons lui céderaient un bout de terrain suffisant pour y planter le pavillon britannique. Elijah Johnson, au nom de tous ses compagnons, lui fit cette fière réponse: «Monsieur, quelles que soient nos difficultés actuelles, nous refusons votre concours; nous aimons mieux périr tous, s'il le faut, que vous laisser planter ici un pavillon qui nous donnerait plus de mal pour l'arracher plus tard qu'il ne nous en éviterait aujourd'hui. »

Le 8 août arrivait à la colonie un gouverneur blanc envoyé par la Société, Jehudi Ashmun, avec 51 nouveaux émigrants, des armes et des vivres. Après ce nouvel apport, le nombre des colons se trouva porté à une centaine d'individus.

Mais l'arrivée de ces renforts ne fit qu'exciter davantage les indigènes, qui se réunirent au nombre de 900 environ, et attaquèrent le campement d'Ashmun et de ses compagnons dans la nuit du 10 au 11 novembre 1822. Cette attaque fut repoussée, non sans pertes d'ailleurs. Dans la nuit du 1ᵉʳ au 2 décembre, les indigènes revinrent à la charge, et cette fois le Libéria naissant aurait été tué dans l'œuf, n'eût été le courage d'une vieille négresse, Mʳˢ Newport, qui, saisissant une hache, et se mettant à la tête des femmes, sut repousser la première attaque des Dé pendant que les hommes amenaient un canon qui servit à mettre définitivement en fuite les assiégeants. Je dois dire d'ailleurs que, selon une autre version qu'on se répète tout bas à l'oreille et qui pourrait bien être la vraie, la vieille Mʳˢ Newport aurait assuré le succès des siens et la déroute des indigènes, non pas précisément par son courage, mais par le simple effet d'un heureux et curieux hasard. Voici ce qu'on raconte: tandis que tous les colons dormaient, Mʳˢ Newport, que le sommeil fuyait sans doute à cause de son grand âge, fumait tranquillement la pipe assise sur un canon; les Dé s'avançaient sans bruit et étaient arrivés à la lisière du campement sans que personne soupçonnât leur présence; à ce moment, Mʳˢ Newport, ayant achevé sa pipe, en secoua négligemment les cendres et les braises sur la lumière du canon qui lui servait de siège: le canon était chargé, le coup partit, et les Dé, blessés ou non par la décharge, mais à coup sûr terrifiés par ce coup parti à l'improviste d'une place qu'ils croyaient sans défense, se dispersèrent en désordre. De même que nos ancêtres les Gaulois, sur le point d'anéantir dans l'œuf la puissance romaine, perdirent la partie à cause d'une oie, ainsi les Dé, près d'étouffer le Libéria naissant, perdirent la partie à cause d'une pipe.

Un secours plus efficace arriva d'ailleurs aux colons en la personne du midshipman anglais Gordon, qui débarqua avec onze hommes de la goélette *Prince Regent*, alors en ces parages, et aida Ashmun à triompher des Dé.

Le 12 mars 1823, les indigènes firent la paix avec les colons et leur accordèrent la libre possession du cap Montserrado. C'est alors qu'Ashmun commença là la construction d'une ville qui fut appelée Monrovia en l'honneur du président Monroe. La colonie, composée de Noirs libérés, prit le nom de *Liberia*.

De nouveaux immigrants arrivèrent d'Amérique : le mouvement d'émigration ne devait plus cesser jusqu'à nos jours, et déjà en 1831, neuf ans seulement après l'arrivée du docteur Ayres et de ses compagnons dans l'île Persévérance, le Libéria comptait 2.500 colons.

Ashmun et ses successeurs avaient signé des traités avec les chefs indigènes tout le long du littoral, depuis le cap Monte jusqu'au cap des Palmes, acquérant chaque jour de nouveaux territoires et fondant de nouvelles colonies, qui peu à peu devenaient des centres, à Cape-Mount, le long du bas Saint-Paul, à Bassa, à Sinoe et à Cape-Palmas.

En 1841, mourut Buchanan, qui fut le dernier gouverneur blanc du Libéria et le dernier représentant désigné par l'*American Colonization Society*.

A sa mort, les colons élirent l'un d'entre eux, un mulâtre nommé J.-J. Roberts, comme gouverneur. La situation politique de la colonie était alors assez embarrassée : ayant besoin de ressources, elle percevait des droits de douane ; mais les capitaines des navires anglais refusaient d'acquitter ces droits, arguant de ce fait que la colonie du Libéria, n'étant ni un État indépendant ni une colonie relevant d'un État reconnu, n'avait pas le droit d'établir des tarifs douaniers sur un territoire dont personne ne lui avait reconnu la possession. Les Libériens résolurent alors de se constituer en état indépendant et de se faire reconnaître comme tels par les puissances européennes, et, le 26 juillet 1847, une assemblée de représentants des différents centres de la colonie, réunie à Monrovia, proclama l'indépendance du pays sous le nom de *Free and Independent Negro Republic of Liberia*, élabora une constitution sur le modèle de la constitution des États-Unis et nomma Roberts président de la nouvelle République. L'Angleterre d'abord, la France ensuite, reconnurent l'indépendance du

Libéria en 1848 ; toutes les puissances d'Europe et d'Amérique suivirent bientôt cet exemple et signèrent des traités de commerce avec le nouvel État.

Depuis Roberts, dix présidents se succédèrent, appartenant tous à la race nègre. D'ailleurs, pour être citoyen libérien, il est nécessaire, sinon d'être nègre, au moins d'avoir du sang noir. Il y a un certain nombre de mulâtres parmi les Libériens et même d'individus qui ont beaucoup plus de sang blanc que de sang noir ; mais tous revendiquent le titre de *Negroes* (Nègres). Je dois dire du reste que les Nègres purs forment la majorité et que les habitants du Libéria n'épousant que des femmes de couleur et le nombre des immigrants mulâtres étant notablement inférieur à celui des immigrants nègres, l'élément blanc originaire d'Amérique tend de plus en plus à disparaître. Le nombre des Européens résidant au Libéria est trop restreint pour que son apport puisse influer sur la race. Il est donc exact de considérer les Libériens comme des Nègres et les éléments de race blanche sont chez eux en proportion trop minime pour avoir pu modifier les caractères moraux de la race noire dans la masse de la population.

Ces Libériens sont actuellement au nombre de 60.000 environ. Ils comprennent des Nègres d'origines très diverses, dont la plus grande partie sont venus d'Amérique ou nés d'immigrants venus d'Amérique. Les esclaves transportés autrefois aux États-Unis par les négriers ayant été pris sur tous les points de la côte africaine et ayant été souvent amenés de fort loin à la côte par les marchands d'esclaves indigènes, on voit quelle est la diversité des races dont les Libériens sont le produit.

Les Libériens ne sont établis actuellement qu'en quelques points de la côte et du cours inférieur des fleuves côtiers, et sont environnés d'indigènes de races diverses, qui peuplent toute l'étendue du territoire reconnu au Libéria par l'Angleterre et la France, et qu'on peut évaluer à deux millions au minimum. Ces deux groupements, — Libériens et indigènes, — là où ils se rencontrent, vivent côte à côte sans se mêler : ils exercent peu d'influence l'un sur l'autre ; sauf quelques rares exceptions qu'on ne rencontre que dans les grands centres, les indigènes n'ont rien emprunté à la civilisation d'origine européo-américaine des Libériens, et ceux-ci n'ont pas non plus été modifiés par le contact des indigènes, bien qu'on prétende parfois le contraire, à tort, selon moi.

Il m'a semblé nécessaire de développer ces quelques considérations afin de bien montrer qu'il est permis de prendre les Libériens comme exemple d'un *peuple nègre civilisé à l'européenne*, et que les Libériens étant le produit de races nègres très nombreuses et très diverses, les remarques que l'on est amené à faire à leur sujet peuvent s'appliquer d'une manière générale à tous les Nègres placés dans des conditions analogues.

Il me semble intéressant et curieux à cet égard de comparer, à ce que nous savons des Libériens, de leur état social et de leurs mœurs, ce qu'écrivait Paul Dhormoys, il y a environ cinquante ans, des Nègres et des Mulâtres européanisés d'Haïti et Saint-Domingue [1]. Si l'on fait abstraction des parties purement humoristiques ou littéraires du livre auquel je fais allusion, et si l'on veut bien se souvenir que c'est la civilisation française qui a influé surtout sur les Haïtiens et l'espagnole sur les Dominicains, tandis que c'est la civilisation anglo-américaine qui a déteint sur les Libériens, on ne manquera pas d'être frappé de l'extrême analogie des résultats obtenus de part et d'autre, et les mêmes conclusions s'imposeront à l'observateur impartial.

2° *CARACTÈRES MORAUX DES LIBÉRIENS ET ÉTAT DE LEUR CIVILISATION*

On n'a pas parlé très souvent des Libériens et surtout on n'a pas beaucoup écrit sur eux. Mais presque toujours on a exagéré soit leurs défauts, soit leurs qualités. Cela vient de ce que nous avons la mauvaise habitude, quand nous étudions un peuple nègre, ou simplement, d'une façon plus générale, un peuple étranger, de le comparer implicitement à nous-mêmes, et de le juger en nous plaçant à un point de vue purement subjectif, c'est-à-dire à un point de vue éminemment faux. Ou bien encore nous avons en nous une idée préconçue, un système à défendre, et nous cherchons à faire servir l'étude à laquelle nous nous livrons à la défense de ce système.

Je voudrais tâcher de réagir contre ces fâcheuses tendances, et introduire dans l'étude des peuples nègres ce que M. de Morrens a fort bien appelé le *point de vue scientifique*, c'est-à-dire un point de vue qui ne soit *ni sentimental, ni utilitaire* [2].

Je voudrais, en un mot, n'être *ni négrophile, ni négrophobe*, mais être simplement *négrologue*, si l'on veut bien me passer ce néologisme.

---

1. Paul DHORMOYS, *Une visite chez Soulouque*. Souvenirs d'un voyage dans l'île d'Haïti. — Paris, 1859, in-12.

2. Lire dans le n° 1 des *Milieux et les Races*, le mémoire de M. L. de Morrens intitulé : *Le point de vue scientifique en sociologie*.

Si l'on se place à ce point de vue, on s'apercevra bien vite que les Libériens ne sont pas, comme on l'a dit, « des singes habillés, complètement ridicules par leur orgueil puéril et leur haine des Blancs » ; on verra d'autre part qu'il ne faut pas regarder le Libéria comme une nation modèle, ni même comme une nation pouvant se comparer à l'une quelconque des nations européennes. On verra que, dans l'appréciation que l'on doit porter sur ce peuple, il faut s'en tenir à un juste milieu.

Que les Libériens soient parfois ridicules, je ne le nierai pas, mais tous les peuples ont leurs ridicules, et si quelque Mark Twain de Monrovia publiait ses « impressions de voyage au pays des Blancs », il trouverait sans doute autant à gloser sur notre compte que le voyageur européen qui déride ses lecteurs aux dépens des Nègres qu'il a visités. Les Libériens ne sont ridicules que parce que nous voyons en eux des Noirs cherchant à imiter des Blancs et parce que, sans nous en rendre compte, nous les comparons à nous-mêmes. Ils nous paraîtraient sans doute moins drôles s'ils étaient blancs, et cependant ce n'est pas leur faute s'ils sont noirs et ce n'est pas leur faute non plus s'ils ont essayé d'adopter la civilisation des Blancs, puisque ce sont des Blancs qui ont tenté cet essai.

Il faut leur reconnaître au moins un mérite, celui de ne pas rougir de leur race, — « rougir » est ici une façon de parler. — Ils se proclament *Negroes* et revendiquent ce titre avec orgueil, même ceux d'entre eux qui n'ont que très peu de sang noir dans les veines, et qui sont assez nombreux. Il me semble même que ce trait est caractéristique des Libériens mulâtres et quarterons, et les distingue nettement des mulâtres des Antilles qui, eux, se disent « blancs » et méprisent leurs compatriotes de couleur plus foncée. Il n'y a pas trace au Libéria de ces haines de Nègres à Mulâtres qui ont ensanglanté Haïti : quelle que soit la couleur de leur peau, depuis le blanc mat jusqu'au noir luisant, pourvu qu'on reconnaisse aux cheveux crépus la présence d'un ancêtre nègre plus ou moins éloigné, tous les Libériens se considèrent comme de la même souche, comme les représentants de la race nègre. Et ce n'a pas été un de mes moindres étonnements d'entendre à Monrovia un orateur, qui aurait pu facilement se faire passer en Europe pour un Portugais, s'exprimer ainsi : « *We Negroes...* » (Nous autres Nègres).

Il y a encore d'autres choses à dire à l'honneur des Libériens. Une simple visite à Monrovia ou à l'une des grandes villes de la côte (Buchanan et Harper principalement) laisse au voyageur l'impression qu'il se trouve au milieu de gens qui ont fait au moins autant pour la colonisation de l'Afrique que les diverses nations européennes. Je sais bien que les efforts des Libériens ont été au début dirigés par des Blancs, qu'Ashmun, le fondateur de Monrovia, Buchanan et Harper, les fondateurs des villes qui portent leurs noms, étaient des Blancs; je sais bien aussi que, depuis que les Libériens sont abandonnés à eux-mêmes, ils ont laissé plus de ruines s'amonceler qu'ils n'ont élevé de monuments. Cela prouve seulement que les Libériens étaient de bons ouvriers, qui ont été dirigés dans une voie qui n'était pas la leur: une fois les architectes partis, ils n'ont pas su continuer l'œuvre commencée. Mais il n'en reste pas moins acquis qu'ils sont de bons ouvriers.

Pour ne considérer que Monrovia, les travaux qui ont été faits là sont absolument remarquables: quand les premiers émigrants venus d'Amérique se sont établis sur le cap Montserrado, il n'y avait là qu'une forêt vierge recouvrant un sol de granit.

Moins de vingt ans après, de larges rues bien droites, bordées de trottoirs, s'étendaient sur une longueur de plus d'un kilomètre et sur une largeur de trois à quatre cents mètres. Les terrains défrichés étaient partagés en lots bien alignés et bordés de murs en pierre sèche dont la construction a dû nécessiter une somme de travail considérable. Des maisons coquettes, la plupart construites en pierre ou en briques, re-couvertes en tuiles de bois et plus tard en zinc, blanchies à la chaux, pourvues d'élégantes vérandahs, s'élevaient tout le long des rues prin-cipales, beaucoup pourvues d'un et même de deux étages; des man-guiers, des arbres à pain, des frangipaniers, des orangers et d'autres arbres utiles importés d'Amérique donnaient de l'ombre et des fruits; les jardinets qui entourent les maisons étaient remplis de roses, de plantes grimpantes et de cent variétés de fleurs qui réjouissent les yeux et délectent l'odorat. Des églises et des monuments publics, frustes il est vrai, mais suffisamment vastes, répondaient aux nécessités du culte et des services du gouvernement.

Des quais empierrés s'étendaient tout le long de la lagune, avec des amorces de jetées et de débarcadères. Des baleinières et des goélettes étaient fabriquées sur place par des Libériens et assuraient le service de la navigation le long de la côte et sur les cours d'eau navigables.

Tout autour des centres de population, des routes étaient tracées, bordées de caniveaux pour l'écoulement des eaux. La forêt vierge avait fait place à de vastes plantations de café, de canne à sucre, de gingembre, de manioc, de patates et de taro: ces espèces végétales avaient été, soit importées d'Amérique, comme la canne à sucre, le gingembre et le taro, soit découvertes dans la brousse africaine comme le café (*Coffœa Liberica*), ou empruntées aux cultures indigènes, comme le manioc et la patate.

Des journaux s'étaient fondés, des écoles s'étaient ouvertes, et l'Université de Monrovia commençait à fonctionner.

Je sais bien encore une fois que des Blancs avaient présidé à tous ces travaux : mais qu'aurait pu faire une dizaine de Blancs, — il n'y en avait guère davantage, — si les Libériens n'avaient pas été à même de comprendre et de suivre l'impulsion donnée ?

Actuellement, le spectacle qui s'offre aux yeux du visiteur est moins beau : c'est le spectacle d'une nation en décadence. Et ce fait d'une nation, pas encore vieille d'un siècle, qui, partie de rien, s'est élevée en vingt ans à son apogée, et a commencé, au bout de soixante ans d'existence à peine, à tomber en décadence, ce fait, dis-je, mérite qu'on s'y arrête, car à première vue il n'est pas naturel. Et il ne peut trouver son explication que dans la théorie que je cherche à développer ici, savoir : que les Nègres en général et les Libériens en particulier sont éminemment susceptibles de perfectionnement et de progrès, mais que ce perfectionnement et ce progrès sont destinés à un arrêt brusque et infranchissable, et même à une décadence prochaine, si on a cherché à les orienter dans le sens de notre civilisation européenne.

Je disais que le spectacle qui s'offre aujourd'hui aux yeux du visiteur est celui d'une nation en décadence. En effet, les belles et larges rues tracées au début existent toujours, mais elles sont envahies par la végétation et déparées par des trous profonds qu'ont creusés les pluies et qu'on ne songe pas à combler ; les murs de clôture sont à demi écroulés sans qu'on cherche à les réparer ; une foule de maisons en ruines déparent l'aspect riant et coquet de la ville ; des maisons en construction même sont en ruines ; un superbe collège, édifié à grands frais sur le sommet du cap, est livré à l'abandon, et on le laisse envahir par la forêt et émietter par la pluie ; l'escalier qui menait à l'étage supérieur du *Representative Hall* (Chambre des députés), s'étant écroulé, n'a jamais été refait, et une sorte d'échelle provisoire est depuis des années le seul moyen d'accès qui permette aux Ministres l'entrée de leurs bureaux ; les quais s'en vont pierre par pierre et il devient difficile aux embarcations d'accoster ; les chantiers où l'on construisait goélettes et baleinières ont disparu ; les routes, faute d'entretien, sont presque partout redevenues des pistes indigènes ; les plantations de canne à sucre et de gingembre sont de l'histoire ancienne, et beaucoup de champs autrefois bien cultivés sont retournés à l'état de forêts vierges, les caféiers redevenant sauvages, étouffés par la végétation folle des Tropiques.

Le niveau de l'instruction a baissé, les générations nouvelles ne reçoivent qu'une éducation tout à fait primaire ; de l'Université de Monrovia, il ne reste que le nom et quelques bonnets carrés que l'on voit parfois sur la tête de professeurs ou d'élèves honoraires.

Tout n'est pas mort cependant dans ce pays. Il y a encore un noyau de Libériens de l'ancien temps, remarquablement instruits et policés, excellents orateurs, fins causeurs, écrivains de talent. Il y a aussi parmi les jeunes quelques intelligences d'élite qui voudraient relever le niveau intellectuel et moral de leur pays et qui cherchent à y arriver par des articles de journaux, par des conférences, par des clubs littéraires, par des écoles nouvelles.

Mais la plupart de ces efforts avortent à leur naissance : les journaux disparaissent faute de lecteurs, les écoles n'ont pas d'élèves, et les conférenciers, bien que très applaudis, ne sont pas suivis. D'ailleurs, tel Libérien qui parle « comme un livre » et qui expose d'une façon magistrale des idées très bonnes et très élevées, se conduit souvent dans la vie privée et publique d'une façon fort peu recommandable.

Tous ces gens sont des dévoyés ; ils me font l'effet d'un statuaire de talent qui voudrait peindre un tableau : il conçoit très bien l'œuvre qu'il rêve d'exécuter, il la décrit supérieurement ; mais quand il en vient à l'exécution, il ne sait comment s'y prendre, et il abandonne la toile à peine commencée.

Et c'est bien là la raison qui fait paraître si souvent les Libériens ridicules à nos yeux : leur caractère propre, qui est malgré tout et sera toujours le caractère de la race nègre, se fait jour sous le vernis de la civilisation européenne qui les recouvre à la surface, et comme ce caractère jure avec ce vernis, qu'ils ne sont pas faits l'un pour l'autre, l'impression de contraste et d'inattendu qui se dégage provoque en nous le rire. Le caractère du Nègre n'est pas ridicule en lui-même, il ne devient ridicule que lorsqu'il se pare du masque européen, et les Libériens nous font rire au même titre que des personnages de carnaval.

Qu'on me permette à ce sujet une anecdote qui fera bien, je crois, saisir ma pensée. La chose se passait à la Présidence de la République, à un lunch offert par le président à la suite de la lecture aux Chambres de son message annuel. Nous étions là une vingtaine : le Président de la République, le vice-président, les Présidents des chambres, les ministres, et les consuls des puissances représentées au Libéria. Il

n'y avait que deux chaises : on en offrit une au président, et l'autre fit
le tour de la table, personne ne voulant l'accepter afin de n'être pas
seul assis alors que tous les autres resteraient debout ; finalement, tout
le monde resta debout. Assurément, la chose prêtait à rire, et personne
ne put s'empêcher de sourire à la dérobée, même les Libériens. Mais
supposez qu'au lieu de hauts fonctionnaires en habit ou en uniforme
galonné, il y eût eu là un chef nègre et des notables vêtus du pagne indigène, qu'au lieu d'une table recouverte d'une nappe et de vins et gâ-
teaux européens, il y eût eu sur le sol d'une case ou d'une place publique
une jarre de vin de palme, et que, faute de sièges, le chef nègre eût invité
ses convives à s'asseoir par terre, la scène aurait-elle été ridicule ? pas
le moins du monde : elle eût été primitive et simple, et pas autre chose.
Donc, ce qui en la circonstance nous faisait paraître les Libériens ridicules, c'était uniquement la présence fâcheuse du masque européen.

Au cours du même lunch, un consul européen qui se trouvait à
côté de moi m'offrit du *sherry* ; il prit la carafe et se mit en devoir
de verser du vin dans mon verre, mais, par un phénomène qui lui
sembla ainsi qu'à moi inexplicable, le liquide tomba sur la nappe au
lieu de tomber dans mon verre. Croyant à une maladresse de sa part,
le pauvre consul se confondait en excuses, lorsque son autre voisin, un
ministre libérien, lui fit remarquer d'un air très naturel qu'il y avait
un trou dans le goulot de la carafe et que, pour éviter de répandre le
vin sur la nappe, il suffisait de tourner ce trou du côté du plafond.

J'avoue que, malgré la gravité de mes fonctions consulaires, j'eus
toutes les peines du monde à garder mon sérieux. Mais qu'est-ce qui
provoquait le rire chez moi : c'était de voir un homme, revêtu du titre
de ministre d'un État policé à l'européenne et habillé d'ailleurs comme
un parfait gentleman, ne pas trouver déplacée la présence, sur une
table présidentielle, d'une carafe cassée. Dans la scène que je supposais
tout à l'heure d'un chef indigène offrant du vin de palme à quelques
notables et à quelques visiteurs européens, je n'aurais pas trouvé
ridicule qu'on se servît d'une cruche au col incomplet, et la réflexion
du ministre, s'il s'était appelé Samba ou Kofi au lieu de s'appeler
l'honorable X., et s'il avait été vêtu d'un boubou ou d'un pagne
au lieu d'un habit noir et d'une chemise à plis, ne m'aurait aucunement
choqué.

Ce sont là de petits faits et des constatations qui peuvent paraître
puériles. Il me semble pourtant que ces petits faits montrent mieux
qu'un long discours où se trouve la clef du problème libérien, ou, si
l'on préfère, du problème de la civilisation des Nègres.

3° EFFETS DE LA CIVILISATION EUROPÉENNE
SUR LES LIBÉRIENS COMPARÉS AUX INDIGÈNES[1]

On peut dire, je crois, que les effets de la civilisation européenne sur les Noirs qui sont devenus les Libériens ont été mauvais.

Si l'on considère superficiellement les Libériens, policés, habillés, sachant lire et écrire, habitant des maisons relativement confortables, on les trouvera probablement supérieurs aux indigènes. Au fond, ils leur sont plutôt inférieurs, tant au point de vue moral qu'au point de vue du bien-être général.

D'abord, ils ont moins de sens moral que l'indigène proprement dit, c'est-à-dire l'indigène que n'a aucunement touché la civilisation européenne[2]. Ils ont plus d'hypocrisie et moins de droiture native; leurs mœurs sont souvent déplorables; ils pratiquent l'esclavage, eux dont la raison d'être repose sur les théories anti-esclavagistes, et ils traitent leurs esclaves avec une cruauté et une sauvagerie qui ont pu se rencontrer chez les Blancs au temps de la traite, mais qui n'existent pas chez les indigènes. Ces indigènes, que dans leurs discours publics ils appellent *our beloved heathen brethren* (nos bien-aimés frères païens), les Libériens les tiennent dans le plus grand mépris et les trompent toutes les fois qu'ils le peuvent. La paresse, l'insouciance, le mépris du travail manuel sont plus grands encore chez le Libérien que chez l'indigène. La femme libérienne surtout est en général d'une paresse à peine croyable, ne prenant aucun soin de son corps ni de son ménage, ne réparant jamais ses vêtements ni ceux de son mari et de ses enfants, et faisant faire tout l'ouvrage de sa maison par quelques misérables petits esclaves, garçons ou filles, qu'elle roue de coups plusieurs fois par jour, les nourrissant à peine et les laissant croupir dans une saleté révoltante.

1. A vrai dire, ce n'est pas la civilisation *européenne*, au sens exact du mot, qui a influé sur les Libériens, mais bien la civilisation *américaine;* mais celle-ci n'étant que la résultante de la première, je me sers de l'expression « civilisation européenne » comme ayant un sens plus général.

2. Une fois pour toutes, quand je parle des *indigènes*, j'entends les indigènes vivant chez eux selon leurs us et coutumes propres, et j'exclus de cette dénomination les Noirs à demi européanisés qui vivent au contact des Blancs ou des Libériens, dans les ports et les centres de la côte.

L'abaissement moral de la femme chez les Libériens est un fait bien connu de tous les Européens qui ont séjourné parmi eux. La Libérienne la mieux élevée se donne au premier venu pour un corset ou une paire de souliers. Bien que chrétiens et mariés légalement à une seule femme, les Libériens pratiquent de fait la polygamie comme tous les Nègres, et même l'inceste est chose commune parmi eux; et je ne parle pas d'un inceste passager, mais de relations incestueuses qui durent sans interruption et se pratiquent sous le toit familial, en présence de l'épouse consentante. Cette licence de mœurs est d'ailleurs couverte du voile de l'hypocrisie la plus parfaite et la plus dévote qui se puisse imaginer.

Je parle ici en général, bien entendu, car on trouve au Libéria et j'ai connu personnellement des familles et des individus qui n'ont rien à envier, au point de vue des mœurs, du travail, de la probité, de la condition intellectuelle, à nos meilleures familles. Mais ceux-là forment l'exception : ce sont les restes des vieilles souches primitives. Si les lignes qui précèdent leur tombent sous les yeux, je suis certain qu'ils ne s'en formaliseront pas, car les abus que je signale ont été plus d'une fois dénoncés par la presse libérienne elle-même.

Si nous comparons aux Libériens les indigènes qui vivent sur le territoire reconnu par l'Europe à la République de Libéria, le contraste ne peut manquer de nous frapper.

D'abord, le long de la côte et dans l'est, nous voyons les *Kroomen*, race de travailleurs, énergiques, fiers et batailleurs, mais droits, jouissant d'une belle santé physique et morale, jaloux de la vertu de leurs femmes, d'une propreté corporelle méticuleuse. Quelle figure font à côté d'eux les Libériens paresseux et nonchalants, attendant tout de l'État, en proie à toute sorte de maladies congénitales et en particulier à la tuberculose, ne se lavant jamais, se nourrissant de mets dont ne voudrait pas un esclave indigène, décimés par une mortalité considérable, n'ayant en général que très peu d'enfants, dont beaucoup d'ailleurs naissent chétifs, infirmes, voués d'avance à une mort précoce !

Si nous jetons les yeux sur les indigènes de l'Ouest et du Nord, les Vai et les autres tribus de race mandingue, c'est un autre ordre de comparaison qui s'offre à nous, mais toujours au désavantage des Libériens. Ces indigènes, à demi islamisés, ont, bien plus que les Libériens, le sentiment de la dignité humaine, et leur costume, approprié au climat et à la race, loin de les rendre ridicules comme fait pour les Libériens le costume européen, n'est pas dénué d'une certaine esthétique.

Ils ont, les Vaï et les Manianka surtout, une intelligence supérieure des affaires commerciales. Les Vaï ont même une auto-civilisation qui fait de cette petite tribu l'un des peuples les plus intéressants de l'Afrique : seuls de tous les Nègres connus, ils possèdent un alphabet propre pour écrire leur langue, et cet alphabet, ils l'ont inventé eux-mêmes de toutes pièces, il n'a nul lien de parenté avec aucun alphabet connu. Un indigène vaï, nommé Momolou Massakoï, vient de fonder à Ghendimah, non loin de la frontière anglo-libérienne, une sorte de village modèle, et dans ce village une école où il se propose d'enseigner la langue et la littérature de son pays. Je ne sais ce qui sortira de cette tentative, mais elle me semble intéressante, étant un essai de perfectionnement purement indigène, tenté à côté de l'essai de perfectionnement par adaptation de civilisation européenne, qui a si mal réussi au Libéria.

DEUXIÈME PARTIE

Nègres dits sauvages (Les Baoulé)

1º *CARACTÈRES MORAUX DES BAOULÉ*

Il peut être intéressant d'étudier des Nègres vivant chez eux de leur vie propre, après avoir observé des Nègres vivant d'une vie factice dans un pays qui n'est pas le leur, comme c'est le cas pour les Libériens. C'est pourquoi je vais essayer de dire quelques mots de l'état social des *Baoulé*, population de famille *agni* qui habite, dans la Côte-d'Ivoire, le triangle déterminé par le fleuve Bandama et son affluent le Nzi.

Au cours de cette brève étude, j'irai sans doute contre bien des idées reçues, et je ne me dissimule pas qu'il me faut pour cela un certain courage. Ainsi on entend dire communément que le Nègre est « voleur, menteur, sale et ivrogne », et que ces quatre épithètes résument toute sa psychologie. Eh bien, sans m'étendre pour le moment sur la race nègre prise en général et en me particularisant aux seuls indigènes du Baoulé, je n'hésite pas à affirmer que ces prétendus sauvages sont :

1º Honnêtes, et que le vol proprement dit (c'est-à-dire l'action de dérober le bien du prochain à son insu et dans le seul but de se l'approprier) est presque inconnu chez eux et en tout cas beaucoup plus rare que chez nous ;

2° Que s'ils mentent facilement pour se tirer d'un mauvais pas et s'ils emploient la ruse pour arriver à leurs fins, — deux choses d'ailleurs qui se pratiquent sur toute la surface de la terre, aussi bien en Europe qu'en Afrique, — ils mentent rarement lorsque la circonstance est grave et lorsque leur mensonge pourrait causer du tort à un tiers, et qu'en tout cas ils ne trahissent pas la parole donnée solennellement, par exemple le serment prononcé sur les mânes d'un ancêtre;

3° Qu'ils sont de beaucoup plus propres que la grande majorité des Français : ils ont peu de vêtement, il est vrai, mais ils se lavent *tous* le corps entier au moins une fois par jour à l'eau chaude et au savon, souvent deux fois, et pendant la saison sèche, dans les villages éloignés des rares rivières constantes, ils y ont un certain mérite; ils mangent avec leurs doigts et au même plat, c'est vrai, mais ils se lavent la main droite[1] et se rincent la bouche avant et après chaque repas;

4° Qu'enfin, s'ils aiment bien boire du vin de palme, ils n'ont de goût pour le genièvre et le tafia que quand nous-mêmes leur avons inculqué ce goût, et qu'en fin de compte, il y a bien moins de cas d'ivresse chez eux que chez nous.

Et je prie qu'on ne m'accuse pas de partialité pour les Baoulé, car je ne fais aucune difficulté pour reconnaître que j'ai vu chez eux d'autres peuples nègres pour lesquels je professe plus d'estime que pour les Baoulé; j'ai d'ailleurs contre ces derniers plus d'un grief personnel sérieux. Si donc je parle ainsi, c'est que ma conviction est assise sur une longue observation faite à un point de vue uniquement scientifique et impersonnel. Je n'ai pas fait que traverser le Baoulé : j'y ai séjourné, en deux fois, exactement quarante-deux mois, je l'ai parcouru dans tous les sens, j'ai visité la plus grande partie des villages; j'ai vécu en dehors des postes, soit en route, soit en station dans les villages, la vie des indigènes, mangeant et buvant avec eux leur nourriture et leur boisson, couchant dans leurs cases, assistant à leurs palabres et à leurs scènes de famille, regardant leurs jeux et leurs danses, écoutant leurs chansons et leurs légendes, prenant part à leurs réjouissances, à leurs deuils, à leurs cérémonies religieuses ou funèbres, jugeant leurs différends; j'ai même eu l'occasion de faire le coup de feu à la fois contre eux et avec eux, ayant trouvé parmi les tribus amies des alliés qui m'ont prêté leur concours contre une tribu révoltée; j'ajouterai qu'à partir de ma seconde année de séjour dans le Baoulé, je ne me suis que bien

---

1. On ne touche pas les aliments avec la main gauche, ou tout au moins on ne la porte pas au plat.

rárement servi d'un interprète dans mes relations privées avec les indigènes, étant arrivé à parler et à comprendre leur langue presque aussi
couramment que la mienne propre.

Pour toutes ces raisons, je crois avoir quelques droits à porter un
jugement sur les Baoulé, et à ceux qui, malgré tout, refuseraient de
me croire, je répondrai simplement : « Faites comme moi, allez les
voir, causez avec eux dans leur langue, et après j'accepterai de discuter
vos objections. »

D'ailleurs, lorsque quelqu'un vous maintiendra que tout Nègre est
essentiellement voleur, menteur, sale et ivrogne, interrogez-le bien, et
il finira par vous avouer, ou bien qu'il n'a jamais vu de Nègres chez eux,
ou bien qu'il base ses appréciations sur des Nègres employés à son service
et par conséquent placés tout au moins en dehors de leurs conditions
naturelles d'existence, et le plus souvent corrompus par la civilisation
européenne.

J'ai dit que les Baoulé ne dérobaient pas, — je parlerai plus loin des
« saisies de marchandises » et des « pillages à main armée », mais ces
choses ne peuvent être qualifiées de vol : la première remplace ce que
nous appelons chez nous la « saisie par ministère d'huissier » et la
seconde est encore pratiquée par toutes les nations européennes sous le
nom de « guerre »; nos civilisations ne considèrent pas comme malhon-
nêtes celui qui se sert d'un huissier ni celui qui fait la guerre, — j'ai dit
donc que les Baoulé ne dérobaient pas, qu'on pouvait se fier à leurs
serments, qu'ils évitaient le mensonge dans la mesure du possible, qu'ils
étaient propres et qu'on ne pouvait en bonne justice les traiter d'ivrognes.
Ils ont d'autres qualités.

C'est d'abord la fierté, l'amour-propre, la soif de l'indépendance,
toutes choses que nous qualifions facilement chez les autres d'orgueil et
de turbulence, et chez les indigènes de nos colonies de disposition à la
révolte, mais que nous honorons chez nous-mêmes sous le nom de dignité
morale et de patriotisme. Il est bien évident que, si nous nous plaçons
à un point de vue utilitaire, nous sommes obligés de dire que l'amour
de la liberté et de l'indépendance, chez une peuplade dont la soumission
est nécessaire à nos projets coloniaux, est un défaut; mais si nous
nous plaçons en observateur impartial, force nous est de convenir que
cet amour de la liberté et de l'indépendance est une vertu. Lorsque
j'ai eu à combattre la révolte d'une petite tribu du Baoulé qui refusait
de se plier à nos exigences en matière de liberté commerciale, je ne
pouvais m'empêcher, comme administrateur, de déplorer l'inaptitude

de ces gens à se plier sous un joug pourtant débonnaire, mais comme homme, je ne pouvais pas ne pas l'admirer.

Liberté, égalité, fraternité, — cette devise qui est la nôtre pourrait parfaitement convenir aux Baoulé, car ils l'appliquent, parfois même jusqu'en ses extrêmes, pour la liberté au moins, qui dégénère chez eux en anarchie, comme nous le verrons en étudiant leur état politique et social.

L'égalité se rattache au même ordre d'idées : il n'y a ni rois, ni princes, ni chefs proprement dits, ni classe noble privilégiée : tous les Baoulé se traitent sur le même pied, accordant toutefois de la déférence aux vieillards et à ceux que leur éloquence, leur richesse ou des services rendus ont placés en dehors du commun. La femme, que l'on s'accorde si généralement à considérer chez les Nègres comme une bête de somme sacrifiée au sexe fort, jouit des mêmes privilèges que l'homme et de la même considération, bien que le principe de l'obéissance de la femme à son mari dans la vie de famille soit adopté; ce principe subit d'ailleurs souvent de sérieux accrocs. L'esclavage existe, il est vrai, et il peut sembler bien paradoxal de faire concorder l'existence de l'esclavage avec le principe de l'égalité: mais il importe de considérer que tous les esclaves proprement dits, les esclaves achetés, sont des *étrangers*, et que par conséquent il est assez naturel qu'ils ne jouissent pas du même traitement que les autochtones. Tous les Baoulé sont libres, il n'y a pas dans le pays une caste d'esclaves ou de parias, comme cela existe dans l'Inde et existait dans la Grèce antique; et les enfants d'esclaves, nés dans le pays, bien qu'attachés à la maison du maître, jouissent exactement du même traitement que les enfants du maître: en réalité, ils sont devenus ses enfants, c'est à ce titre seulement qu'ils sont attachés à sa maison, et la seule chose qui les différencie des enfants nés de parents libres, c'est que leur père légal n'est pas leur père naturel.

Je dois dire d'ailleurs que les esclaves achetés eux-mêmes sont traités avec la plus grande douceur et que, surtout s'ils ont été achetés jeunes et se montrent dociles, ils ressemblent bien plus aux vieux serviteurs de nos romans, faisant partie de la maison, qu'à ce que représente à nos yeux le mot d'*esclave*, c'est-à-dire à un bétail humain. Enfants, ils partagent la nourriture et les jeux des enfants de leur maître; adolescents, ils ne sont astreints qu'à de menus travaux auxquels les enfants du maître prennent également part; adultes, si ce sont des femmes, elles aident les femmes et les filles du maître aux travaux d'intérieur ou aux menus travaux des champs; elles épousent soit leur maître, et vivent alors presque sur le même pied que les femmes libres, soit un esclave, et alors sont généralement envoyées avec leur mari dans une plantation : le couple y bâtit une case où il habite avec ses enfants, cultivant à la fois pour le compte du maître et pour son propre compte ; la case devient hameau, le couple devient famille, et ces esclaves deviennent en réalité des fermiers. D'autres fois, l'esclave homme est employé par son maître à des opérations commerciales ; s'il s'y montre habile, il ne tarde pas à recevoir du maître une sorte de tant pour cent sur les bénéfices réalisés : il peut ainsi devenir riche, acheter lui-même des esclaves et commercer pour son propre compte.

L'esclave qui est expert dans un métier manuel est laissé absolument libre, pourvu qu'il partage ses gains avec son maître. Celui enfin qui, né diplomate, aide son maître de ses conseils, arrive rapidement à gagner sa confiance et est craint et respecté presque à l'égal de son maître.

J'ai dit que les Baoulé se montrent bons pour leurs esclaves : la bonté du cœur, la fraternité et la politesse qui en dérivent sont vertus communes chez ces Nègres. Les enfants aiment réellement leurs parents, surtout leur mère, et sont remplis d'égards pour eux. Les parents, à leur tour, aiment et choient leurs enfants, et il n'est pas rare de rencontrer un père jouant avec son petit enfant, le caressant, le dorlotant et le faisant sauter sur ses genoux. La plaie du paupérisme n'a pas pénétré encore dans le Baoulé, et par conséquent on ne peut songer à y voir s'exercer la charité du riche envers le pauvre. Mais on peut y être souvent témoin de soins empressés donnés à un malade, à un étranger momentanément dans le besoin.

La politesse, sans être obséquieuse comme chez les populations musulmanes du Nord, est aussi développée chez les Baoulé que parmi les nations réputées pour leur civilisation. Les relations de ces « sauvages » entre eux sont réglées par une étiquette minutieuse qui nous semble souvent ennuyeuse, à nous autres Européens, pourtant si à cheval sur les délicatesses du protocole mondain, et pour le moindre manquement à cette étiquette, les enfants sont sévèrement réprimandés par leurs parents.

Une vertu très générale parmi les Baoulé est la patience : je ne crois pas m'avancer en disant que sous ce rapport ils nous sont souvent supérieurs ; je ne prétends pas qu'ils ne se mettent jamais en colère, mais, sauf pour des motifs sérieux, — sérieux à leur point de vue, bien entendu, — leurs colères sont feintes en général, ce ne sont que des artifices oratoires. Aussi l'Européen qui, dans ses rapports avec eux, ne sait pas conserver toujours un calme irréprochable, ne peut espérer avoir sur eux une influence considérable : il sera craint peut-être, mais il ne sera ni écouté ni respecté.

Cette patience, qui n'est que du calme, du flegme souvent, dans les discussions et les circonstances ordinaires de la vie, devient facilement du stoïcisme en présence d'un malheur ou d'une maladie. Les Baoulé endurent la douleur sans sourciller et restent d'autant plus insensibles, semble-t-il, que la douleur est plus grande. Ceci peut tenir d'ailleurs à une constitution physique spéciale à la race nègre : je ne cherche pas à expliquer le phénomène, je le constate simplement.

Toujours dans le même ordre d'idées, il convient de citer l'aménité qui existe presque toujours dans les rapports entre femmes d'un même mari, aménité qui nous étonne toujours, et qui d'ailleurs n'est pas commune à tous les peuples nègres, car elle n'existe pas, par exemple, chez les Apolloniens et les Fanti qui pourtant se rattachent au même groupe ethnique que les Baoulé.

Le caractère naturellement calme des Baoulé en fait en général des gens réfléchis, prudents, de bon conseil et doués d'un grand bon sens : évidemment certains de leurs raisonnements peuvent nous paraître, à nous, soit enfantins, soit absurdes, mais c'est parce qu'ils reposent sur des idées qui heurtent nos préjugés, ou, si l'on préfère, sur des préjugés qui heurtent les nôtres ; si nous voulons nous donner la peine de revêtir pour un instant ces préjugés et de les adopter comme base de notre façon de penser, nous serons forcés de reconnaître que les raisonnements des Baoulé sont en général marqués au coin de la sagesse et conduits selon la logique.

Le sens de l'équité est d'ailleurs profondément ancré dans l'esprit de ces Nègres, et si nous ne nous en apercevons pas toujours, c'est que nous oublions que le droit n'est pas le même chez tous les peuples et sous toutes les latitudes : vérité en deçà des Pyrénées, erreur au delà.

Je viens de passer en revue les principales qualités morales qu'on remarque chez les Baoulé ; pour être complet, il me faut maintenant aborder les défauts. Le plus général et le plus frappant est sans contredit l'avarice, que je confonds avec l'amour du gain, le désir immodéré de posséder, ces deux vices étant la plupart du temps connexes ; —en second lieu, vient un défaut, ou plutôt un vice, que je ne saurais définir exactement, car il n'existe pas chez nous, au moins dans les mêmes conditions, et je ne crois pas que notre langue ait un mot pour le désigner : c'est en quelque sorte l'esprit de chicane, appliqué au réglement de toute question dans laquelle un intérêt pécuniaire est en jeu : c'est ce vice qui est l'origine de tous les palabres, de toutes les disputes, de toutes les saisies de marchandises, de toutes les guerres ; — en troisième lieu enfin vient la superstition, qui, plus encore que le vice précédent, contribue à rendre la vie du Baoulé précaire et tourmentée.

Si l'on pouvait ôter aux Baoulé leur avarice, on en ferait un des peuples les plus aimables de l'Afrique ; si on pouvait leur ôter leur esprit de chicane et leur superstition, on en ferait un des peuples les plus heureux. Mais ces défauts ou ces vices, comme on voudra les appeler, semblent bien enracinés, et aussi, bien que doués de beaucoup d'excellentes qualités, ils ne sont ni très aimables, ni très heureux.

Les Baoulé sont en général accueillants et hospitaliers, tant pour leurs compatriotes que pour les étrangers, à moins qu'ils ne nourrissent à l'encontre de ces derniers des préventions ou de la méfiance. Mais il ne faut pas s'y tromper : pour cordiale qu'elle soit, leur hospitalité n'est pas gratuite. Leur bon accueil ressemble étrangement à celui d'un hôtelier : dans l'hôte de passage, ils voient surtout un client, et le degré de cordialité de l'hospitalité offerte se mesure à la bonne mine de ce client. Le Baoulé offre à son hôte le gite, le souper et très facilement le reste, mais si, avant de partir, l'hôte néglige de donner un payement (mettons un cadeau) au propriétaire de la case, un autre à la femme qui a préparé le repas et un autre à celle qui a partagé sa couche, il est accusé par la suite d'avoir pris, sans payer, nourriture et compagne, et on saura lui rappeler sa dette. Je dois dire d'ailleurs que le prix à payer pour l'hospitalité reçue n'est pas élevé ; ce qu'on offre est toujours accepté, mais suivant ce qu'on a offert, on passe pour un personnage de marque ou pour un homme de peu.

Le respect de la richesse et le mépris de la pauvreté découlent naturellement de l'avarice et de l'amour de la propriété. Aussi dans le Baoulé, les mots « homme riche », « notable », « chef », sont synonymes, et il suffit que l'on entende dire de quelqu'un qu'il est riche pour qu'on ait pour lui la plus grande considération. Le respect que les Baoulé ont pour les Blancs ne vient pas, comme on le dit généralement, de ce qu'ils nous considèrent comme des êtres d'une race supérieure : il provient uniquement, ou tout au moins surtout, de ce que les Blancs possèdent ou ont avec eux un grand nombre d'objets qui, aux yeux des indigènes, ont une valeur considérable ; on nous respecte, non pas parce qu'on nous craint ou parce qu'on nous admire, mais simplement parce qu'on nous trouve ou nous croit plus riches que les plus riches d'entre les indigènes. C'est là en tout cas le phénomène général, car il est bien entendu qu'un Européen, pris en particulier, peut gagner le respect des indigènes par l'énergie qu'il a su déployer ou l'habileté qu'il a montrée.

Par contre, le pauvre est impitoyablement méprisé. Je me rappellerai toujours l'indignation d'un jeune Baoulé qui comprenait un peu le français, pas assez pourtant pour en saisir les nuances, et auquel, le voyant souffrant, j'avais dit sur un ton de commisération : « Mon pauvre ami ! » Il se redressa fièrement et me dit : « Je ne suis pas pauvre ! » d'un air profondément vexé.

Cela d'ailleurs, à tout prendre, n'est pas particulier au Baoulé. Le respect du riche et le mépris du pauvre existent chez nous aussi, seulement ces sentiments s'y voilent d'un masque d'hypocrisie. Toute la différence est là.

Désireux de posséder, le Baoulé, quelle que soit sa richesse, est naturellement quémandeur, et n'a aucune fausse honte à aller mendier de menus cadeaux soit chez ses compatriotes soit chez les étrangers.

Il est réellement avare, car il ne désire pas acquérir de l'or ou des biens pour en tirer vanité, comme le Ouolof, ni pour se procurer des liqueurs enivrantes, comme certains peuples de la côte, ni pour se procurer des femmes, des esclaves, de beaux vêtements, ou pour festoyer, comme certaines tribus du Soudan. Le Baoulé amasse pour amasser, et dépense très peu. J'ai connu des chefs qui avaient en leur possession des quantités d'or relativement considérables ; cependant ils étaient toujours vêtus de pagnes de dernière qualité, ne portaient sur eux que des ornements en plomb, en fer-blanc ou en verroterie, ne cherchaient à augmenter ni le nombre de leurs femmes ni celui de leurs esclaves, vivaient de la façon la plus simple, et ne dépensaient de l'argent que dans les circonstances où ils y étaient forcés par la coutume du pays, par exemple en achetant des bœufs et de la poudre pour célébrer les funérailles d'un parent proche. Quelques-uns emploient une partie de leur richesse à acheter des esclaves, et quelques autres à obtenir les faveurs des beautés de leur entourage, mais il est peu fréquent qu'un Baoulé se ruine en prodigalités. L'homme généreux, — très rare d'ailleurs, — est méprisé ; on l'appelle *atuturé-di-joué*, ce qui pourrait se traduire par : « un étourdi, un irréfléchi ».

Si l'on fait à un chef baoulé de riches cadeaux, il en conçoit une grande joie : mais il enferme immédiatement dans un coffre les étoffes et les bijoux reçus, et il ne les en sortira que pour voir, de temps en temps, s'ils y sont bien encore, ou pour les montrer à ses intimes. Quant à revêtir ces riches étoffes, à se parer de ces bijoux et à en faire montre en public, il n'y songe pas. Il en est de même des femmes : elles manifestent une joie folle quand on leur donne un bijou d'or ou des verroteries prisées dans le pays, mais il est bien rare qu'elles s'en parent, sauf cependant les jours de grande danse.

J'ai parlé de l'esprit de chicane et de ses conséquences : j'y reviens avec plus de détails. Il semble que l'esprit du Baoulé, malgré son bon sens, se plaise dans les situations embrouillées. Les affaires les plus simples, qui pourraient être discutées et réglées en quelques paroles, sont toujours l'occasion de palabres interminables et de discussions à perte de vue. Pour une différence d'appréciation de quelques francs ou même moins entre le vendeur et l'acheteur sur le prix de la marchandise, on discutera pendant toute une journée ; comme généralement on ne pourra pas tomber d'accord, on aura recours à un arbitre ; ce dernier après un nombre de séances souvent considérable, rendra une décision qui généralement lèse les deux parties, car la partie à laquelle il a été donné tort a à indemniser son adversaire et ce dernier a à payer les bons offices de l'arbitre. La justice coûte très cher au Baoulé et cependant tous les Baoulé sont d'enragés plaideurs.

Souvent du reste les affaires ne s'arrangent pas à l'amiable : un individu est allé tirer du vin de palme dans une plantation qui n'est pas la sienne, ou bien un hôte de passage a négligé de payer le poulet avec lequel on avait préparé son dîner, ou encore un amoureux peu délicat n'a pas remis à sa maîtresse d'une nuit le prix qui avait été convenu pour ses faveurs ; un débiteur n'est pas d'accord avec son créancier sur ce qu'il lui doit ; un amant trouve trop élevée la somme que réclame le mari outragé comme prix de ses droits méconnus : toutes ces questions d'intérêt, la plupart du temps fort minimes, sont envenimées par l'esprit de chicane. Le débiteur ne nie pas sa dette, quelle qu'en soit la nature, mais il chicane sur le montant ; il invoque une créance impayée que son frère, ou son père ou son aïeul avaient à faire valoir sur le frère, ou le père ou l'aïeul de son propre créancier ; chacune des parties invoque des témoins, mêle une affaire, vieille parfois de vingt ans et plus, à l'affaire présente ; finalement, après avoir épuisé tous les arbitres, après avoir dépensé pour payer ces arbitres et les avocats soi-disant bénévoles plus de dix fois la somme en litige, — car ce n'est guère qu'en frais de justice que les Baoulé dépensent leur avoir, — on n'a pu arriver à aucune conclusion. Quelques mois ou quelques années se passent. Puis le créancier, fatigué de ne pas voir rentrer sa créance, et soigneusement évité d'ailleurs par son débiteur, met un beau jour l'embargo sur une caravane qui traverse son village, transportant des marchandises qui, la plupart du temps, n'appartiennent pas au débiteur, mais à un de ses parents ou de ses amis, ou tout simplement à un homme de son pays : charges et porteurs, tout ce qui se laisse prendre est saisi.

Le propriétaire des marchandises ou des porteurs ainsi arrêtés vient réclamer son bien. Le créancier lui dit : « Fais-moi payer par un tel, qui me doit tant et tant ; le jour où je serai payé, je te rendrai tout. » Voilà donc un tiers qui se trouve à son tour partie dans l'affaire, et souvent, pour une dette de quelques francs, le créancier a saisi à ce tiers pour plus de cent francs de marchandises. Ce tiers à son tour saisira un quatrième individu, compatriote ou parent du débiteur, et ainsi de suite. Il n'y a qu'une issue à cet imbroglio : c'est la guerre, et elle a souvent lieu. Les guerres du Baoulé, qui sont limitées du reste en général entre deux ou trois villages, quelquefois entre quelques familles, et qui consistent à s'embusquer sur les chemins pour tuer les ennemis ou les dépouiller au passage, n'ont pas d'autre origine.

Je dois dire d'ailleurs que ces guerres sont peu meurtrières ; mais elles font du tort au pays, en ce sens qu'elles interrompent le commerce en rendant la circulation presque impossible sur les routes.

La superstition, basée surtout sur la façon dont les Baoulé comprennent la mort, est avec l'esprit d'avarice et l'esprit de chicane la troisième plaie de ce pays, et peut-être la plus profonde.

Les Baoulé croient à l'immortalité de l'âme et aux relations entre les vivants et les âmes des morts ; d'un autre côté, ils redoutent la mort et ne croient pas que la mort ni même la maladie puissent être le fait de causes naturelles, sauf dans le cas de maladies bénignes ou mort violente par le fer ou le feu.

Lorsque quelqu'un tombe gravement malade, lui et ses proches attribuent cette maladie à l'influence malfaisante de l'esprit d'un mort, — que nous appelons fort improprement « fétiche », — sollicité par un individu qui cherche, par rancune ou autre motif, à se venger du malade. Ce dernier alors consulte un sorcier ou une sorcière qui, après s'être grassement fait payer, indique l'individu auteur du maléfice. L'individu ainsi indiqué a été choisi par le sorcier parmi ceux qui passaient pour être mal avec le malade, souvent parmi ses

la possèdent ; débarrassés de nos préjugés, nous les comprendrons mieux, et les comprenant mieux, nous nous en ferons plus aisément comprendre.

L'état politique du Baoulé est une sorte d'anarchie tempérée par les traditions, les coutumes et le bon sens; l'état social repose sur la famille. Il n'y a pas actuellement de roi ni de chef dont l'autorité s'étende sur le pays : je dis actuellement, car, il y a un siècle et demi environ, lorsque le Baoulé a été constitué par des immigrations guerrières venues de l'Achanti, une autorité suprême existait en la personne d'une femme, la fameuse Aoura Pokou, qui s'était constitué une sorte d'empire militaire analogue à celui plus récent de Samori. Mais une fois la conquête terminée, une fois les autochtones fondus avec les Achanti envahisseurs, une fois que ces derniers, mettant un terme à la période de prise de possession, s'adonnèrent à la « mise en valeur du pays », c'est-à-dire à l'agriculture, au commerce et à l'exploitation des mines d'or, les tribus s'éparpillèrent dans toute la région conquise, et à mesure qu'elles s'éloignaient du chef, celui-ci perdait peu à peu son autorité. Aujourd'hui, le descendant de la reine Pokou, le nommé Kouaé-Nguié, est toujours considéré comme le premier des chefs baoulé et jouit encore d'un certain prestige moral, mais son autorité effective ne s'étend pas au delà du village où il réside, Sakassou, et des quelques familles groupées autour de lui.

S'il n'y a plus de roi du pays, il n'y a pas davantage de chefs de tribu, il n'y a pas même de chefs de village au sens vrai du mot : il n'y a que des chefs de famille, des patriarches.

Quand nous sommes arrivés dans le Baoulé, sur le conseil des interprètes complices, certains individus se sont présentés à nous comme grands chefs, afin de recevoir des cadeaux, et c'est ainsi que nous avons traité parfois avec des gens auxquels nous attribuions une autorité qu'ils n'avaient pas. Lorsqu'on cherche le chef d'un village pour lui faire un cadeau, on le trouve toujours, on en trouve même généralement plusieurs ; mais si on a besoin d'un chef pour lui demander des porteurs, on n'en trouve plus un seul.

C'est qu'en effet la seule unité politique et sociale au Baoulé est la famille, au sens étendu du mot, c'est-à-dire comprenant l'aîné, ses frères et sœurs, ses enfants et ses neveux. Le chef de famille a sur les membres de cette famille un pouvoir à peu près absolu, sauf en ce qui concerne ses frères déjà âgés, sur lesquels son pouvoir n'est plus guère que nominal.

Quand plusieurs familles habitent le même village, l'homme le plus riche, ou le plus éloquent, ou le plus rusé, généralement un vieillard, est choisi pour régler les affaires d'intérêt commun. C'est un avocat-conseil que l'on consulte, mais ce n'est pas un chef qui commande. De même plusieurs villages voisins, qui ont des intérêts connexes, confient en général la garde et la défense de ces intérêts à l'un des chefs de famille de la région, choisi le plus souvent dans la famille que les traditions historiques font descendre de l'un des héros de la conquête.

Toutes les décisions importantes sont prises dans des conseils où prennent part tous les notables. Ces conseils ou palabres, — sauf dans les cas où le sujet de la discussion doit être tenu secret, — s'assemblent sur la place du village, à l'ombre d'un *ouarè* ou d'un ficus, ou bien sous une sorte de hangar, ou bien en dehors du village, sur une place ombragée dissimulée dans la brousse. Tout le monde peut prendre la parole, même les femmes et les esclaves âgés ; les jeunes gens ne la prennent en général que lorsqu'ils y sont invités.

La femme occupe une haute situation dans la société baoulé. J'ai souvent entendu dire que chez les Nègres, il n'y a que la femme qui travaille ; j'avoue en toute sincérité n'avoir pas encore rencontré un seul peuple nègre où il en soit ainsi. En tout cas, pour ce qui est du Baoulé, la chose est loin d'être vraie : la femme n'exécute que les travaux les moins pénibles ; c'est l'homme et non la femme qui défriche la forêt et coupe les gros arbres ; c'est l'homme qui creuse les trous pour en extraire l'argile et qui pétrit cette argile pour la construction des murs ; c'est l'homme qui va couper le bois, les lianes et la paille nécessaires à la construction des maisons ; c'est lui encore qui assemble ces matériaux ; c'est l'homme encore qui fait les chemins ; qui laboure à la main, avec une petite houe à manche court ; dans une caravane, c'est à l'homme que sont réservés les lourds fardeaux ; c'est l'homme aussi qui tisse les étoffes et coud les pagnes, qui forge les outils, qui fond les bijoux, qui fait la menuiserie et la charpente ; c'est l'homme qui creuse les puits dans les mines d'or, qui attaque la roche à coups de pics de fer, enfoncé jusqu'au ventre dans la vase, qui détache à grand'peine les blocs de granit et de quartz, qui les concasse et les réduit à l'état de poudre pour en extraire l'or ; c'est l'homme qui abat les palmiers ou grimpe sur les roniers et en extrait le vin de palme, qui récolte les feuilles des raphias et des dattiers et les transforme en nattes, en sacs et en tissus, lui encore qui extrait le caoutchouc et récolte l'indigo.

La femme s'occupe au Baoulé, comme dans tous les pays du monde, des travaux du ménage : elle fait la cuisine, nettoie la case, balaye les cours et les rues des villages, prépare les bains de son mari et de ses enfants, s'occupe de la marmaille, va chercher aux plantations les légumes et les condiments, va puiser l'eau à la rivière, va couper le bois à brûler. En dehors de ces travaux purement domestiques, la femme prête son aide à l'homme au moment où les travaux des champs réclament un plus grand nombre de bras ; mais elle ne fait là que les travaux les moins pénibles : désherbage, concassage des mottes, semis, sarclage, etc. Quand on construit une maison, les femmes vont chercher l'argile que les hommes ont extraite et l'apportent au lieu de la construction ; ce sont elles encore, avec les enfants, qui sont chargées principalement des peintures murales et des décorations. Dans les caravanes, les femmes portent les fardeaux légers ou la nourriture. La femme prépare et file le coton ; ce sont des femmes en général qui confectionnent la poterie ; dans l'industrie minière, le rôle des femmes est de laver le quartz aurifère après qu'il a été concassé par les hommes. Voilà à peu près tous les travaux des femmes : on voit que, s'ils sont nombreux, ils sont en général peu pénibles et se ramènent tous aux travaux domestiques, qui semblent naturellement destinés à la femme.

Ce qui a pu faire dire à quelques voyageurs que la femme seule travaille en pays nègre, c'est qu'il arrive souvent, quand on traverse un village, de voir les hommes assis, causant ou buvant du vin de palme, tandis que les femmes vaquent aux soins du ménage. A cela je répondrai que les soins du ménage, surtout étant donné le système culinaire des Noirs, durent toute la journée et ont lieu en toute saison, tandis que le travail agricole, industriel et commercial des hommes n'a lieu qu'à certaines saisons et de façon intermittente : dans nos campagnes, pendant la morte saison, les hommes ne font rien, tandis que les femmes travaillent toujours. Et puis il faut aussi considérer que les travaux des hommes appellent ces derniers au dehors, tandis que ceux des femmes retiennent celles-ci à la maison : c'est pourquoi, de ce qu'on voit quelques hommes causer sans rien faire, il n'en faut pas conclure qu'aucun homme ne travaille, car d'autres que ceux-là, et plus nombreux, sont sans doute au même moment occupés aux plantations ou ailleurs. Combien de fois d'ailleurs n'arrive-t il pas qu'on traverse des villages où l'on ne voit pas un seul homme ? Est-ce à dire qu'il n'y a pas d'hommes ? Non pas, mais ces hommes travaillent, soit aux mines d'or, soit aux champs, pendant que leurs femmes sont restées à la maison.

Nous avons vu que le premier souverain du Baoulé fut une femme ; elle eut comme successeur sa nièce Akoua Boni : ces deux femmes ont été sans doute les seuls chefs qui aient eu vraiment de l'autorité. Il arrive souvent encore aujourd'hui que des femmes sont chefs de village ou de tribu, au sens qu'il faut donner à cette expression et que j'ai expliqué plus haut. La femme hérite des biens et du pouvoir au même titre que l'homme, et la succession est basée sur la parenté utérine..

Ainsi le premier héritier est, non pas le fils, mais le frère ou la sœur né de même mère que le défunt ; à défaut de frère ou de sœur, c'est le neveu ou la nièce, fils ou fille de sœur, qui hérite ; ensuite viennent l'oncle ou la tante maternelle, et les cousins ou cousines, fils ou filles de tante maternelle ; le tour des fils ne vient qu'en quatrième lieu.

A cela les Baoulé donnent la raison suivante : c'est que dans leur pays on est toujours sûr d'être le fils de sa mère, tandis qu'on n'est jamais sûr d'être le fils de son père. Et afin que l'héritage ne sorte pas de la famille, ils ont institué cette règle de succession.

D'autre part, j'ai vu souvent les notables, avant de prendre une décision grave, demander conseil à leur femme, ou du moins à celle de leurs femmes qui a la préférence, généralement la plus ancienne. Car la polygamie existe au Baoulé comme sans doute dans toute l'Afrique noire ; cette institution n'est en aucune façon d'origine musulmane chez les Nègres, pas plus que l'esclavage, quoi qu'on en dise : la polygamie semble inhérente au caractère nègre ; elle existe chez les peuples qui n'ont jamais été en contact avec les Musulmans aussi bien que chez ces derniers, plus même, car l'islamisme a régularisé la polygamie en limitant à quatre le nombre des femmes légitimes, tandis que ce nombre n'est limité chez les païens que par les ressources pécuniaires ou l'avarice de l'époux.

Il en est de même pour l'esclavage, qui existait en Afrique bien avant l'introduction de l'islamisme et qui est essentiel au bon équilibre et à la prospérité d'une société noire, au moins encore à l'époque actuelle. Ainsi les Baoulé n'ont pas la notion du travail salarié, au moins pour ce qui est d'un travail régulier, et nous nous en apercevons bien vite lorsque nous cherchons à recruter de la main-d'œuvre parmi eux. Le problème de la main-d'œuvre, ils l'ont résolu par l'institution d'une sorte d'esclavage domestique à la conservation duquel le maître et l'esclave tiennent autant l'un que l'autre, et ce n'est pas en un jour, ni même en quelques années que l'on pourra substituer à cet esclavage le système de la main-d'œuvre salariée. Les esclaves que l'on voudrait libérer retourneraient immédiatement chez leur maître ou iraient se constituer esclaves chez un autre, car dans le cas contraire, n'ayant pas de propriétés territoriales et ne trouvant pas d'employeurs, ils seraient acculés à la nécessité de mourir de faim.

D'ailleurs, comme je le disais plus haut, l'esclavage au Baoulé ne répond pas du tout à l'idée que nous nous faisons en Europe de cette institution. L'esclave est un client, un domestique sans gages, mais entretenu par son maître et faisant partie de sa famille, plutôt qu'un véritable esclave. Il n'y a même pas de mot dans la langue pour traduire notre mot « esclave »; un chef dit « mes fils » en parlant de ses esclaves, ou « mes jeunes gens », ou « mes hommes », et ceux-ci appellent leur maître « mon père ». Évidemment, ces esclaves ont été achetés et peuvent être revendus : mais il n'y a pas de ces marchés d'esclaves dont frémit notre imagination. Et je dois dire que, depuis que nous avons détruit la puissance de ce grand pourvoyeur d'esclaves qu'était Samori, les Baoulé trouvent de moins en moins à acheter des esclaves; et, comme les fils d'esclaves, ceux que nous appelons les « captifs de case », sont inaliénables et que leurs enfants sont libres, l'esclavage tend à disparaître petit à petit.

C'est d'ailleurs là le vrai et le seul moyen de combattre l'esclavage : en détruire la source dans la personne des chefs de bandes tels que Samori et Rabah. Toute autre mesure est nécessairement ou inefficace ou désastreuse. Car ce n'est pas par une loi qu'on change les fondements sur lesquels repose depuis des centaines de siècles l'organisation d'un état social.

Je voudrais, avant de terminer ce coup d'œil sur la civilisation des Baoulé, dire un mot de leur littérature orale, c'est-à-dire des légendes et des fables.

La légende est l'histoire des peuples qui n'ont pas d'écriture. Le fond en est constitué par des faits historiques et vrais qui se transmettent de génération en génération; mais chaque conteur y met du sien ; puis, avec l'éloignement. les faits prennent une allure surnaturelle, et le récit est devenu légende. Mais toute légende repose sur un fonds de vérité. Aussi il ne faut pas rire des légendes nègres, il faut plutôt chercher à démêler ce qu'il y a de vrai derrière les enjolivements et les exagérations qui sont venus s'y surajouter.

C'est dans cet ordre d'idées que j'ai été très intéressé par les légendes qui ont cours au Baoulé sur la création et la formation du monde, sur le déluge, sur le changement de lit du Bandama, sur le passage de la Comoé et la conquête du Baoulé par Aoura Pokou, etc.

Si les légendes sont l'histoire des peuples qui n'ont pas d'écriture, les fables et les proverbes sont leur morale. C'est en même temps leur délassement intellectuel. Le soir, après une rude journée de travail aux champs ou une longue marche au soleil avec une charge sur la tête, les Noirs s'assemblent sur la place publique. S'il fait de la lune, on chante et on danse. S'il fait noir, on se groupe autour d'un feu qui réchauffe, et chacun à son tour conte les légendes des temps passés, qui instruisent et font penser, ou les fables qui font rire et donnent à réfléchir.

Car, quoi qu'on en dise, le Noir travaille, et travaille même durement, surtout au moment des plantations. La nature, pourtant riche dans son pays, ne lui prodigue pas plus qu'à nous ses dons sans travail, et s'il ne mange pas de pain, on peut dire qu'il gagne ses ignames, son riz ou son mil à la sueur de son front.

Et quand son corps est fatigué, il aime comme nous à faire travailler son esprit; et j'affirme que, si l'on connaît la langue des Noirs qui vous entourent, assez à fond pour suivre leur pensée, on ne trouve leurs délassements intellectuels ni ridicules ni méprisables. Plus d'une fois, seul Européen dans mon poste, j'ai pris un plaisir extrême à me faire conter par des Baoulé, non Peau d'Ane, mais les aventures extraordinaires de l'Araignée.

Nous avions au Moyen Age le Roman du Renard, les Baoulé ont le Roman de l'Araignée. L'Araignée, *Kenndéoua*, est devenue chez eux un personnage, du sexe masculin, qui personnifie la ruse, l'avarice, la méchanceté; comme le Renard chez nous, l'Araignée là-bas trompe tout le monde, les animaux, les hommes et même les génies; de plus, il est méchant pour sa femme et ses enfants. Ceux-ci ont des noms et sont aussi des personnages. Ce qui distingue les histoires du Baoulé de nos fabliaux, c'est que Kenndéoua, dupeur éternel, finit à son tour par être dupé et puni, en sorte que ces façons de satires, toujours joyeuses, souvent licencieuses, comportent toutes une morale.

Les narrateurs ont en général un réel talent; ils miment leur récit d'une façon remarquable, prêtant à chaque personnage un langage et une intonation qui lui sont spécialement affectés : ainsi tous les discours prêtés à l'Araignée sont débités avec une forte prononciation nasale. Les récits sont émaillés de couplets, de jeux de mots, de proverbes : ils constituent de véritables récréations intellectuelles, dont la conclusion, comme je le disais tout à l'heure, est toujours morale.

3° ORIGINES DE LA CIVILISATION DES BAOULÉ

On peut se demander d'où est venue aux Baoulé leur civilisation. Dans un mémoire qu'a publié l'an dernier *l'Anthropologie*[1], j'ai cherché à démontrer que la civilisation qu'on trouve actuellement chez les peuples nègres de l'Afrique Occidentale et en particulier chez les Baoulé leur est venue de l'Égypte ancienne. Je ne reviendrai pas ici sur les preuves que j'ai données à l'appui de cette thèse. Qu'il me suffise de dire que de l'examen des croyances religieuses des Baoulé, de leurs rites funéraires, de leur organisation sociale, de leur art et de leur industrie, ainsi que des légendes relatives à des sépultures antiques qui se trouvent dans ce pays et des objets qu'on y rencontre, il semble bien que ce peuple a été touché profondément par un grand courant de civilisation parti de l'Égypte ancienne, et qui, à une époque qu'il est difficile de préciser, a rayonné de proche en proche sur toutes les populations noires du Soudan et de la Guinée.

Depuis quelques siècles, un nouveau courant de civilisation, venu aussi du Nord-Est, a commencé à se répandre parmi les Nègres sus-équatoriaux, et il fait chez eux des progrès constants et de plus en plus considérables : je veux parler de la civilisation musulmane. Il semble que cette civilisation convient aux Noirs : elle paraît être pour eux un progrès normal, conforme au génie de leur race. Elle ouvre leur intellect, police leurs manières, qui l'étaient souvent déjà, et cela, sans brusquerie, sans heurt violent : la transformation se fait lentement, mais d'une manière continue. Je dois dire que l'Islam a eu peu de prise jusqu'ici sur les populations du groupe agni-achanti en général, et en particulier sur les Baoulé, qui en sont encore au premier courant de civilisation, celui venu sans doute de l'Égypte ancienne. Cependant quelques Baoulé du Nord, surtout dans le Dyamala, commencent à subir le contact des Mandé mulsumans, au moins dans leur costume, et l'on sait que c'est par le costume que les civilisations s'implantent d'abord.

Un troisième courant de civilisation, beaucoup plus récent et tout différent, est dû à l'intervention européenne : courant commercial venant de la mer, courant politique venant à la fois du Sud et du Nord. Ce troisième courant a effleuré le Baoulé, mais sans y laisser aucune

---

1. *Sur des traces probables de civilisation égyptienne et d'hommes de race blanche à la Côte d'Ivoire* (*L'Anthropologie*, juillet-décembre 1900.

empreinte, et lorsqu'on voit les résultats qu'il a fait naître en d'autres pays noirs, on se demande s'il est à désirer que son influence soit plus considérable. L'apport de la civilisation européenne aux populations nègres d'Afrique peut cependant être bon et fécond, mais à la condition expresse de ne pas être trop brusque et trop extérieur ; il faudrait se garder d'imposer l'habit et le chapeau haut de forme : nous avons vu au Libéria que ce déguisement allait mal au genre de beauté des Noirs : le boubou des Mandé musulmans ou la toge des Baoulé conviennent bien mieux à l'esthétique de la race. De même pour nos idées : il ne faudrait pas chercher à les imposer, il vaudrait mieux les laisser pénétrer d'elles-mêmes par le simple contact.

Et nous pourrions à ce sujet prendre modèle sur les Musulmans : leurs missionnaires sont des commerçants, qui civilisent par le contact et par la pratique des affaires, et non par des décrets ou des arrêtés.

Nous avons d'ailleurs à la Côte d'Ivoire de nombreux exemples de Noirs indigènes qui ont été peu à peu gagnés à nos idées et à nos procédés par le contact et les relations d'affaires qu'ils ont eus avec nos commerçants : je veux parler des traitants indigènes de Bassam, de Jacqueville, de Tiassalé, etc. Ces gens ne s'habillent pas à l'européenne, comme les Libériens ou les Noirs de civilisation anglaise : ils ont conservé le pagne ou la toge de leurs pères ; mais ceci ne les empêche pas de faire de grosses opérations commerciales, de se faire bâtir des maisons confortables et d'avoir sur les lagunes ou les fleuves des bateaux à vapeur.

C'est, je crois, de cette façon, mais de cette façon seulement, qu'il est à souhaiter que la civilisation européenne vienne s'ajouter à la civilisation indigène qui existe actuellement au Baoulé.

CONCLUSIONS

Tout ce que j'ai dit des Libériens tendrait à prouver que la civilisation européenne ne convient pas à la race noire, ou tout au moins que la race noire n'est pas actuellement apte à revêtir cette civilisation. Je ne veux pas avancer que les Noirs soient inférieurs aux Blancs, j'estime seulement qu'ils sont autres, et que ce qui peut convenir aux uns ne convient pas nécessairement aux autres. On ne peut pas dire que le rouge est inférieur ou supérieur au bleu, il est autre, voilà tout :

de même pour le noir et le blanc, qu'on écrive ces mots par une minuscule ou une majuscule.

Je me permettrai de citer à ce propos quelques mots que je lisais dans une remarquable étude du regretté Dr Rançon, publiée par le *Bulletin du Comité de l'Afrique Française* (numéro de mars 1901) : « Nous ne sommes plus au temps, fort heureusement, où le Noir était considéré, même par les plus grands esprits, comme un véritable animal qui ne se distinguait du singe que par le langage articulé... Aujourd'hui l'indigène de l'Afrique Centrale a sa place marquée dans l'échelle des êtres pensants, au même titre que n'importe quel individu, à quelque branche de l'arbre humain qu'il se rattache. Il en est dans le règne animal absolument comme dans le règne végétal. Les races se développent et progressent comme les espèces. Mais... le progrès n'est pas absolu. Il n'est que relatif, et chaque race a son génie particulier, ses aspirations particulières. »

De ce qu'on admet que le Nègre ne nous est pas inférieur, il ne faudrait pas tomber dans une erreur aussi grave en le considérant comme semblable à nous et en voulant le façonner à notre guise : qui dit égal ne dit pas semblable. C'est dans cette erreur que sont tombés les promoteurs de l'idée dont la réalisation a été la République de Libéria.

Le Noir, tel qu'il est dans l'Afrique en général, lorsque des influences étrangères ne sont pas venues modifier son état naturel, est assurément encore un primitif.

On s'est demandé souvent comment et pourquoi il était encore un primitif, comment il n'avait fait aucun progrès sensible depuis des milliers d'années, alors que d'autres races en ont fait de si éclatants, et c'est là-dessus, sur cette immutabilité, qu'on s'est basé pour le déclarer d'essence inférieure.

A cette objection, il y a plusieurs réponses à faire.

1⁰ Si certains groupes des races blanche et jaune ont accompli depuis leur origine des progrès continus, il en est d'autres dont l'état de civilisation ne s'est pas modifié plus sensiblement, depuis qu'ils nous sont connus, que celui des Nègres. Pour quelques-uns, comme les Chinois, cet état de civilisation était, il est vrai, arrivé à un degré supérieur lorsque s'est produit l'arrêt ; mais nous avons d'autres peuples, surtout parmi les nomades, qui ne semblent pas avoir progressé depuis des milliers d'années et dont l'état de civilisation n'est pas plus avancé que celui des Nègres, l'est même moins que celui de certains Nègres. Je me contenterai de citer les Arabes nomades, Bédouins d'Arabie ou Maures du Sahara. Personne ne songe à dire cependant que les Arabes, et d'une façon plus générale les Sémites, appartiennent à une race inférieure.

2° Il n'est pas vrai que le Noir, livré à lui-même, ne progresse pas. Nous en avons un exemple frappant dans les nations du Soudan central, qui ont passé de l'état anarchique et patriarcal primitif à l'état féodal et qui sont arrivées à un état de civilisation à peu près analogue à celui des Français du Moyen-Age et des Abyssins actuels, ainsi que l'a fait justement remarquer le Dr Bérenger-Féraud dans son ouvrage sur *les Peuplades de la Sénégambie*. Il est même au moins curieux que ce soient précisément les peuples noirs qui sont les plus éloignés des influences européennes qui ont fait le plus de progrès dans l'ordre social. Quelques-unes de ces civilisations indigènes ont même jeté à certains moments un très vif éclat, comme à Dienné et à Tombouctou aux XVe et XVIe siècles et au Bornou au XVIIIe siècle.

3° Si, d'une façon générale, les progrès de la race blanche ont été plus rapides que ceux de la race noire, le fait tient peut-être plus à la configuration géographique des pays respectifs de ces deux races qu'aux caractères physiques, intellectuels et moraux de ces races elles-mêmes. Grâce à la disposition des côtes de l'Europe et du bassin de la Méditerranée, les relations entre peuples différents ont été constantes et nombreuses en Europe et ont permis aux peuples mieux doués ou plus favorisés de pénétrer les autres. Au contraire, le désert du Sahara au nord, les brisants de la barre à l'ouest et l'absence de ports et de voies navigables partout ont isolé et isolent encore l'Afrique nègre du contact intime et permanent de civilisations étrangères.

Il faut observer qu'à toutes les époques on a trouvé côte à côte dans notre race des civilisations très primitives et des civilisations très avancées. Il y a plusieurs milliers d'années, tandis que l'Égypte tenait le record de la civilisation, notre pays à nous était peuplé de gens certainement aussi sauvages que les plus sauvages des Nègres actuels, vivant dans des huttes, adonnés à la superstition et pratiquant des sacrifices humains. Aujourd'hui, la civilisation égyptienne est assurément inférieure à ce qu'elle était au temps des Pharaons, et par contre la nôtre est bien loin des pratiques barbares des anciens Celtes. Cependant, même dans notre France actuelle, ne rencontre-t-on pas énormément de primitifs, dont la vie sociale, familiale et religieuse se rapproche si bien de la vie des Nègres que tous nos voyageurs, nos officiers, nos fonctionnaires et nos colons l'ont remarqué et noté ?

4° Il est encore une considération à faire. Je l'ai trouvée exposée pour la première fois par le commandant Toutée dans son livre *Du*

Dahomé au Sahara, et elle m'a frappé. On sait que le calcaire fait défaut dans presque toute l'Afrique nègre et en particulier à la Côte Occidentale. Le commandant Toutée fait remarquer que, faute de calcaire, les terrains cultivés ne produisent plus au bout de quelques années et que l'indigène, ne pouvant remplacer par des engrais appropriés les sels minéraux absorbés, change continuellement de place ses cultures, et, par suite, change aussi de place ses villages, en sorte que ces populations, qui nous apparaissent au premier abord comme sédentaires, sont en réalité nomades. L'absence de chaux d'ailleurs ne permet pas aux Noirs d'élever des constructions stables ni de bâtir des monuments : ils ne peuvent avoir que des cases nécessairement provisoires et fragiles, qu'ils abandonnent facilement et sans regret pour d'autres, construites en quelques jours. Donc point de villes qui puissent devenir des centres de progrès et de civilisation.

Quoi qu'il en soit des causes qui ont amené cet état de choses, on est forcé de constater que les Nègres, surtout ceux des régions côtières de l'Ouest, sont des primitifs. Et quelles que soient les qualités qu'on leur reconnaisse, seraient-ils même supérieurs à nous, on ne peut pa normalement leur demander de franchir en quelques années ni même en un siècle un saut que nous, qui nous regardons avec bienveillance comme des êtres supérieurs, nous avons mis deux mille ans à exécuter.

Les Noirs qui ont fondé le Libéria étaient dans de plus mauvaises conditions encore que ne l'auraient été des indigènes : arrachés à leur pays, leurs pères ou leurs aïeux avaient été transplantés brusquement en Amérique, et, dans leur condition d'esclaves méprisés, souvent maltraités par leurs maîtres blancs, ils étaient à une bien mauvaise école pour s'inculquer les notions de la vraie civilisation européenne. De cette civilisation, les enfants ont revêtu le vernis, et ce vernis, ils l'ont encore, très transparent et très léger : la teinture n'a pas pris ; elle ne pouvait pas prendre.

D'où je conclus que, si le Libéria, tentative d'un État nègre organisé à l'européenne, n'a pas réussi, la faute n'en est pas imputable aux Libériens, et que cela ne prouve absolument rien contre les aptitudes de la race noire. Mais cela pourrait prouver qu'il ne faut pas se hâter de vouloir faire des Blancs avec des Noirs, dans l'intérêt bien entendu et des uns et des autres.

Ne nous payons pas de mots : parce que des gens ne portent pas de souliers ni de corsets, et qu'ils sont profondément indifférents au cours de la Bourse, ne leur jetons pas dédaigneusement le qualificatif de sauvages, et parce que nous n'avons pas réussi à les apprivoiser et à les façonner à notre guise, ne les regardons pas comme inférieurs. Mais étudions-les plutôt: quand nous les connaîtrons mieux, nous verrons que, tels qu'ils sont, il y a quelque chose à en tirer, car ils ont au moins une qualité qu'on ne peut nier : le génie du commerce. Ils sont d'ailleurs éminemment perfectibles, ayant au suprême degré le don de l'assimilation.

Puis laissons les choses aller leur cours, et ne brusquons rien, tant dans notre intérêt que dans celui des Noirs.

Nous avons vu les Noirs sauvages, puisque « sauvages » il y a : c'est assez intéressant pour que cela nous suffise. Laissons de l'inédit à à nos petits-neveux : ils jouiront peut-être du spectacle de l'Afrique civilisée.

Maurice DELAFOSSE.

CHALON-SUR-SAÔNE, IMP. FRANÇAISE ET ORIENTALE DE E. BERTRAND